百年風雲·風氣之先

廣州特輯

小白楊工作室 / 策劃

陳萬雄 / 主編　　劉集民 / 編撰

中華教育

序　舊邦新命的大灣區

　　以珠江三角洲為核心的「大灣區」，從地理範圍以至歷史文化，與「珠三角地區」、「廣府地區」、「嶺南地區」相差不遠。「大灣區」這張新名片，其實是歷史文化悠久的「舊邦」，是國家發展宏圖而賦予新的使命。

　　追溯幾千年的中國歷史進程，或者從世界文明史的角度，「嶺南地區」、「廣府地區」、「珠三角地區」，在推動歷史的發展、文明的創造，一直擔當過重要的角色。以珠三角洲為核心的「嶺南文化」，乃中國「一體多元」的民族和文化結構體系的重要一元。但長久以來，普遍視之為中土的邊陲地區，屬邊緣文化。這樣的認識既不完整，也不充分，更不能從「嶺南地區」、「廣府地區」、「珠三角地區」歷史文化的本身，去說明它在建構中國歷史文明上曾起過的重大作用。

　　先秦時代的「嶺南」，也稱為「南越地區」，是一個大區域概念，包括了現在廣東、廣西和越南北部等地方。《呂氏春秋》統稱在其地的族羣為「百越」。「百越」各族羣在四五千年前，就先後建立了許多方國。其中以今日廣州為中心的地區稱為「番禺」。進入戰國時期，嶺南地區新崛起了「西甌」與「南越」兩個方國，逐漸吞併其他細小的方國，佔據了整個嶺南地區。

　　秦始皇統一六國之後，在始皇二十八年（公元前 219 年），派大將屠睢、任囂、趙佗率兵南征嶺南。及後於公元前 214 年，將整

個嶺南地區納入秦朝的版圖，並設置了桂林郡、象郡和南海郡，奠定了今日嶺南的基本範圍。公元前 209 年，中原爆發反秦起義，南海郡尉趙佗乘秦亡之際，封關絕道，兼併嶺南三郡而建立了南越國。南越國作為一個地方政權長達九十多年，到西漢漢武帝才重歸中央政府的管轄。自此，嶺南地區一直納入中央王朝直接的管轄區域。

早在東漢起，每逢中原喪亂，中原居民就會大量南遷，輾轉流寓於珠三角洲。珠三角洲逐漸發展成為漢族居民為主體的地區。人口大量增加之外，也帶動了珠三角洲地區的經濟發展，文化教育進步，並與當地本土文化風俗進一步融合，逐漸形成自成特色的嶺南文化。唐以後，中國發展中心南移，嶺南地區尤其珠三角地區，在中國歷史的發展中顯得愈益重要。

隨着近世世界海航的打開，洲際貿易開通。珠三角洲地區成為了中國最早與世界海洋交通和洲際商貿的前沿地區。由於洲際貿易的開通，文化交流也日漸頻密起來。在珠三角地區，我們仍不難見到其間留下的物質與非物質的文化交流的遺跡，是洲際文化交流的實物證據，也成為中國與世界的珍貴文化遺產。

19 世紀，面對西歐工業化而啟動的近代化和帝國主義向外侵略的大潮，珠三角洲也是中國最早受到侵略與最早步趨近代化的地區。在這樣的世界大歷史背景下，珠三角洲地區在近百多年中國歷

史變革運動中，一直擔當了重要的角色，從而影響了全國歷史的發展。

到了 1970 年代、1980 年代，中國開始對外開放，實行四個現代化，珠三角洲再次成為了中國開放的先驅與推動現代化的前沿地區。在短短幾十年間，創造了人類歷史與文明發展的一個奇跡，至今仍方興未艾。

以上簡單的素描，旨在指出「嶺南地區」、「珠三角洲」、「大灣區」，是認識中國歷史文化以至人類世界文明的發展，不可忽略的地區。

嶺南文化，承襲中原文化之精粹，融和本土之根本，廣納四海之新風，融匯昇華，自成體系；並以多元、務實、開放、兼容、創新等特點，在中華文化之林獨樹一幟，是中華民族燦爛文化中最具特色和活力的地域文化之一。這是我們應該認識的。以嶺南文化為核心的大灣區，在未來的發展中，自能發揮重大的作用。這是我們所期望和努力的。這就是我們編撰這套《穿越歷史遊灣區》系列的目的。

主編　陳萬雄博士

2024 年 5 月

目錄

第三章　推翻帝制、建立共和的革命前沿

第四章　革命尚未成功

第五章　文教興盛

第六章　時代序幕　改革開放

第七章　矚目成就　當代廣州

第一章。

近代的開篇

鴉片戰爭

　　工業革命後，英國竭力向中國推銷工業產品，但直到 19 世紀初中國對英貿易每年仍保持着出超的地位。為了改變這種不利的貿易局面，英國開始向中國輸入鴉片。而鴉片貿易給中國社會帶來嚴重危害，1839 年林則徐入粵禁煙，隨後爆發了中國近代屈辱史開端的「鴉片戰爭」。

時代背景

●● 1640 年前後，英國率先進入了以工業化帶動的近代化，並隨着日益的富強，積極地進行海外擴張。相對於此的清王朝保守自大，中國的人口膨脹猛增至四億人，土地兼併和貧富分化的現象嚴重，危機四起。總言之，當時的中國仍然停留在以傳統農業為主的生產形式，已大大落後於生產形式以工業化為主的西歐國家。

由於自給自足的小農經濟體制，中國對英國的產品並不感興趣，而中國的茶葉、瓷器、絲綢等物品卻頗受英歐國家的喜愛。造成了中英間貿易的巨大逆差。為了平衡貿易逆差，英國不道德地開始向中國輸入鴉片。鴉片貿易不僅彌補了英國對中國的巨大貿易逆差，還得到了盈餘，中國的白銀數量，遂由長期的入超而逐漸外流。不僅如此，鴉片毒害了國民的健康，大大腐蝕了人心，敗壞了社會風氣，也導致吏治敗壞、軍備廢弛等重大問題。

經過朝中幾番激烈的討論，道光皇帝於 1838 年任命林則徐為欽差大臣，前往廣東禁煙。1839 年 6 月，林則徐將大部分繳獲的鴉片銷毀掉，史稱「虎門銷煙」。虎門銷煙成為了鴉片戰爭的導火索，也成了歐美列強入侵中國的開端。鴉片戰爭激起了中國人民反抗外國侵略的意志和行動，開啟了中國人百年來抵抗外國侵略的壯烈歷史。

鴉片戰爭海防遺址公園

屬於今日廣州轄區的虎山炮台、鞏固炮台、大角炮台、永安炮台、蒲州炮台是珠江口西岸的防禦設施，和東岸屬於今日東莞轄區的沙角、威遠、靖遠、鎮遠等炮台構成了珠江口的防禦集羣。

這些炮台既是當年廣州口岸主要的海防工事，又是粵海關控制進出商船的要塞。當時的外國商船只有拿到粵海關的「紅牌」才能

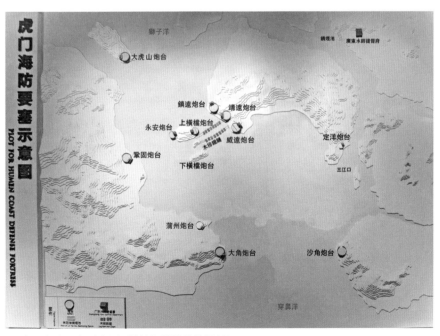

▲ 虎門海防要塞示意圖（攝於海戰博物館展板）

進出廣州。而虎門炮台正是進廣州的第一道和出廣州的最後一道查驗「紅牌」的關口，按當時的國際慣例，這就應是海關的一部分。所以橫檔島上的橫檔炮台就被外國人稱為「稅關炮台」。

▲ 蒲州炮台

石室聖心大教堂——
兩廣總督府上強行建起

●● 1853 年，時任巴黎外方傳教會首任宗座監牧明稽章開始與廣東地方當局談判建造教堂的有關事宜，然而談判進行得並不順利。不久後第二次鴉片戰爭爆發，英法聯軍攻陷廣州城，新城內靠近珠江的兩廣總督部堂被摧毀，當時的兩廣總督葉名琛被俘。

戰後明稽章挾勝利之餘威，依據《北京條約》中的相關款項，要求廣東地方當局歸還以前被充公的教堂屋宇，劃撥新教堂的用地。最終在當時駐紮廣州的法國海軍總兵艾梅·庫普旺的軍事支持下，逼使兩廣總督勞崇光於 1861 年 1 月 25 日簽訂合約，將兩廣總督行署基址租給巴黎外方傳教會興建天主堂，周邊還逐步建立起孤兒院、育嬰院、聖心書院、明德女子中學、日新小學、聖方濟各小修院和中華無原罪聖母女修會等附屬設施，從而使這一片區域成為教徒羣集區和華南的天主教傳教中心。

石室聖心大教堂是一座全石構的哥特式教堂，建築面積為 2924 平方米，塔尖到地面高度為 52.76 米，是中國和東南亞地區最大的哥特式風格教堂，也是中國最大的石構建築。石室聖心大教堂頗具規模，可與舉世聞名的法國巴黎聖母院相媲美。

教堂全部使用花崗石建成。由於廣州並不出產花崗石，這些花崗石均開採自香港九龍的牛頭角及茶果嶺，再運至廣州用於建造。最初主持的兩位法國建築師，因水土不服，開工兩年後提前回國。後來便由廣東揭陽縣的石匠蔡孝擔任總管工，所以在施工中融入了

很多中國建築元素。比如石塊
的連接並沒有用歐洲的水泥砂
漿工藝，而是沿用中國傳統的
糯米桐油砌築方法；穹頂石塊
也從中鑿雙孔用鐵枝穿起來，
這樣更牢固；大門雕刻着中國
傳統的葡萄、梅花等圖案，有
富貴、平安等寓意；教堂側面
三十隻中國傳統的排水神獸
（螭首）神態各異，堪稱獨具匠
心；地板也改掉了原先設計的
石塊，改成廣東大階磚，防濕
性更好。前後歷時二十五年，
教堂終於在 1888 年落成。

　　石室聖心大教堂在歷史上
屢遭破壞，也屢次修葺。抗日
戰爭期間，教堂受日軍空襲；
國民黨政府在 1949 年撤出廣州
時炸毀鄰近的海珠橋，導致教
堂被震壞；文化大革命期間，
石室受到嚴重破壞，等等。所
幸，如今大教堂仍然保留了原
有的風貌，成為了羊城的一張
獨特名片。

▼ 鳥瞰石室聖心大教堂

▶ 石室聖心大教堂

三元里人民抗英鬥爭紀念館

◉◉◉三元里人民抗英鬥爭紀念館是中國人民，特別是廣東人民的驕傲。1840 年 6 月，英國發動對華的鴉片戰爭。次年 5 月英軍攻陷廣州城北諸炮台。清軍統帥奕山等求和，5 月 27 日與英訂立《廣州和約》，以支付英軍贖城費、外省軍隊撤離廣州等條件，換取英軍交還炮台、退出虎門。但和約墨跡未乾，英軍就不斷竄擾西北郊三元里及泥城、西村、蕭岡等村莊。

5 月 29 日，英軍劫掠隊到三元里一帶搶掠燒殺，姦淫婦女，受到各地團練共同抵抗，聯合村民逐走英軍。30 日清晨，三元里村民們估計英軍會前來報復，於是在村北的三元古廟前集會，決定武裝抗擊。同時三元里及周圍一百零三鄉的農民約一萬五千人在牛欄岡附近設伏。當日大雨之下英軍被圍，槍炮失靈，士氣低落，膽戰心驚。31 日三元里鄉民包圍四方炮台，花縣、增城、從化等地團練也陸續馳援，英軍不敢交戰，轉而威脅官府。清廷聞訊恐慌，急派廣州知府余保純安撫英軍，並命團練士紳退卻，台圍遂解。

英軍撤出虎門時發出告示，恫嚇中國人民「後勿再犯」。三元里民眾隨即發出《申諭英夷告示》，警告英軍若敢再來，「不用官兵，不用國帑，自己出力，殺盡爾等豬狗，方消我各鄉慘毒之害也！」

雖然這次抗英沒有對戰局產生大的影響，但三元里人民不畏強暴、反抗外侮的精神值得我們永遠銘記。

▲ 三元古廟

▲ 三元里抗英場景

第二章。

先賢的

救國探索

　　鴉片戰爭之後，面對國家的殘破與外力的迫逼，為了國家民族的自強自立，諸多賢人志士竭盡心力，推動各種救國拯民的運動。其間出現的洋務運動、維新運動、實業救國運動、保皇立憲運動、革命運動，一波接一波，無不在謀求挽國於危亡，拯民於水火。許多志士在中途犧牲了，更多的先賢默默地貢獻自己的力量，這些歷史是值得我們了解的。

萬木草堂
——變法圖強的淵藪

●●萬木草堂原本是廣東邱氏子弟在省城應試居住的邱氏書院。中法戰爭後，康有為為了宣傳其維新變法思想和培養變法人才，於 1891 年租借了這間學堂，聚徒講學，傳揚思想。康氏於 1888 年在京上書光緒皇帝，請求變法。雖未被皇帝御覽，但這樣的舉動，轟動全國士子，也令陳千秋、梁啟超、麥孟華、徐勤等青年學子慕名而來，拜師求學。

書院因培植萬木、為國家培養棟樑之才的含義而得名。在學堂，康有為除了教授傳統學術外，還傳授泰西哲學、萬國政治沿革、萬國史學、地理學、數學、格致學課程。在中國教育史上首次提出了「德智體協調發展」的思想。

在這裏，康有為撰寫了《新學偽經考》和《孔子改制考》。認為流傳的「古文經」湮沒了孔子的「微言大義」和「託古改制」的原意，主張傳授「古文經」，宣揚他託古改制的思想，以建立變法維新的思想基礎。一時，萬木草堂成為傳播變法思想的策源地。

南洲講學開新派，萬木森森一草堂。誰識書生能報國，晚清人物數康梁。

君門入告有嘉謨，直繼公車再上書。惟恐帝心多啟沃，故爭體質是臣奴。

——清·張元濟（光緒進士、前商務印書館董事長）

▲ 萬木草堂今貌

詹天佑故居
——工業救國

●●詹天佑出生於廣州，幼年在私塾讀書。1872年，愛國革新思想家容閎條陳清政府選派幼童留洋，以吸收引進西學、革新社會，為此而招考幼童一百二十名。詹父決定送詹天佑報考。

11歲的詹天佑隨容閎由香港到上海，入上海出洋局預備班。1872年，與蔡紹基、梁敦彥等首批幼童赴美。1878年，詹天佑完成了小學、中學的課程，以全校第二名的成績考入耶魯大學謝菲爾德理工學院（Sheffield Scientific School of Yale University）土木工程系，並專習鐵路工程。1881年，清政府下令提前撤退留完成大學學業的只有詹天佑和歐陽庚二人。

回國後，詹天佑被派往福州船政學堂學習海軍輪船駕駛，學成後擔任教習之職。再由張之洞邀請回粵，修築沿海炮台和測繪廣東沿海海圖。這幅圖為我國第一幅現代海圖。

1888年，經留美同學、開平礦務局鄺孫謀的介紹，到天津中國鐵路公司任幫工程師，從事塘沽到天津鐵路鋪軌工程。隨後參與了唐山至古冶、古冶至山海關、灤河鐵橋、天津至盧溝橋、錦州至營口、潮州至汕頭的鐵路設計及建設工作。

1904年，被中國鐵路總公司聘為工程顧問，和工程師協會確定了中國鐵路統一的標準軌距（1.435米），並進行了統一工程標準，推廣使用詹尼自動車鈎（Janney coupler）等工作。

1907 年，升任京張鐵路總辦兼總工程師。任郵傳部路務議員。開始籌劃中國自主設計並建造的第一條鐵路——京張鐵路；創設「豎井開鑿法」和「人」字形線路，震驚中外。

　　1911 年，赴廣州就任粵路（廣州到漢口鐵路的廣東段）總理，兼總工程師。辛亥革命爆發時，在廣州領導廣東省商辦粵漢鐵路總公司全體人員堅守崗位，制止離散，保證列車照常運行，以實際行動迎接辛亥革命。1912 年，孫中山先生視察之後，在廣州創立廣東中華工程師會，詹天佑被選為首任會長。

　　隨後任交通部技監，主持全國交通技術工作，並完成武昌至長沙段、漢口到宜昌段、張家口到大同段的鐵路工程。1919 年，為保護國家權益、力爭「中東鐵路」的路權，北上南下，日間冒着嚴寒參與各種會商，夜間研究文書議案，因疲勞過度、心力交疲，舊日腹疾復發，病逝於漢口。

▲「人」字形京張鐵路舊照（攝於詹天佑故居展板）

▲ 19世紀 90 年代詹天佑廣州居家照（攝於詹天佑故居展板）

留美學童

　　隨着 19 世紀 60 年代中期在洋務派主持下軍事工業、民用企業等的陸續創辦，急需掌握國外先進科學知識和技術的科技人員。洋務派認為選派聰穎幼童赴外國學習各種科學技術，業成歸來，在國內分科傳授，中國便可以掌握西人之長技。於是在留學歸來的容閎之極力促進下，清政府於 1870 年冬批准了選派幼童出國留學的請求。

　　當時決定分四批，每批招三十人，先在上海開辦留美預備學堂，培養學童的英文能力。1872～1875 年間共派出一百二十名學童赴美，計劃用十五年完成留美的學業。可惜由於政治干擾、文化差異的影響，九年後當半數孩子開始進修大學學業時，清廷卻突然提前終止了留學計劃，全部留美學童被招回國。

　　除了病故和設法留美不歸者外，九十四名學童回國後，大都取得了相當的成就，在不同的崗位上為中國的近代化做出了貢獻。據統計，這批留美生中從事工礦、鐵路、電報者三十人，其中工礦負責人九人，工程師六人，鐵路局長三人；從事教育事業者五人，其中清華大學校長一人、北洋大學校長一人；從事外交行政者二十四人，其中領事、代辦以上者十二人，外交部部長一人、副部長一人，駐外大使一人，國務院總理一人；從事商業者七人；進入海軍者二十人，其中十四人為海軍將領。[①]

---

① 　數據來自：李喜所《近代留學生與中外文化》。

首批赴美留學幼童合影
Photo of the first group of children studying abroad in America

▲ 留美學童舊照（攝於辛亥革命紀念館）

鐵路路權

在清末，持有鐵路路權，是西方列強輸出剩餘資本，掠奪優質資源的手段之一。當時的鐵路路權，不僅僅是投資權、修築權、收益權，還附帶着佔有沿線大片土地和資源，甚至擁有沿線的行政權。喪失路權是一種「喪權辱國」。

1894 年，中國在甲午戰敗後國力大損，西方列強乘機對清政府施壓，掀起瓜分中國路權的高潮。或是強行修築，如俄國修建東北鐵路、法國修築滇越鐵路（昆明到越南）、德國修築膠濟鐵路（青島到濟南）、日本修築南滿鐵路（遼寧到吉林）；或是貸款控制，如京漢鐵路（北京到漢口）、正太鐵路（石家莊到太原）、汴洛鐵路（開封到洛陽）、滬寧鐵路（上海到南京）、粵漢鐵路（廣州到漢口）、廣九鐵路（廣州到九龍）都是如此。

1896 年，李鴻章和俄羅斯簽訂《中俄密約》，以「共同抗日」為幌子，將中東鐵路延伸到中國境內，讓俄羅斯擁有了快速向中國東北調兵的能力。隨後美國推動「門戶開放」，讓列強在中國掠奪了八千九百多公里的路權，鐵路沿線的主權受到了極大的破壞。

日俄戰爭後，日本奪取了長春到旅順的鐵路，並強行修建了新奉鐵路（新民到瀋陽）、吉長鐵路（吉林到長春）、安奉鐵路（瀋陽到丹東，連接了朝鮮的鐵路網）、南滿鐵路，不僅對中國東北有效控制，還瘋狂掠奪資源。據資料顯示，在 1907～1911 年間，僅僅煤炭一項日本就掠奪了 340 萬噸。

　　1911 年，清政府強行收回僅剩的鐵路權益，將民間集資興建的鐵路收歸國有，引起民間投資方的不滿。保路運動爆發，直接促成了辛亥革命的成功。隨後在袁世凱執政的四年間，鐵路路權並沒有改善，列強只是因為應對第一次世界大戰而放鬆了一些對鐵路的控制。反而日本在面對德國宣戰時，強佔了膠濟鐵路，並讓袁世凱接受《二十一條》的要求，成為「五四運動」的重要導火索之一。其後段祺瑞執政，更是將東北鐵路網和吉會鐵路（吉林到朝鮮會寧）、滿蒙四路（東北到內蒙）、濟順鐵路（濟南到邢台）、高徐鐵路（高密到徐州）的路權出賣給了日本，加速日本蠶食東北的能力。尤其是濟順、高徐兩線路權的出賣，更是讓華北門戶洞開。

▲ 上世紀初的九廣鐵路尖沙咀站

穿越歷史遊灣區：廣州特輯

鄧世昌故居紀念館
——洋務救國

●●鄧世昌出生於 1849 年，家中從事茶葉生意。少年時期的鄧世昌耳濡目染鴉片戰爭中中國被迫簽訂不平等條約的現狀，向家中提出學習洋文的請求。在當時主動學習「蠻夷之語」是很驚世駭俗的事情，但鄧世昌的父親生意遍及穗、津、滬、漢、港，很是開明，就將鄧世昌帶到上海進入了教會學校，學習英語、算術。

清同治六年（1867 年），沈葆楨出任福州馬尾船政大臣，同時開辦前學堂製造班和後學堂駕駛管輪班。鄧世昌再次提出希望報考，而再次得到父親的支持，順利考取駕駛專業。

駕駛專業的學生除學習英語、數學外，還學習航海天文學、航行理論和地理。鄧世昌自始至終奮發學習，各門功課考核皆列優等。清同治十二年（1873 年），鄧世昌和其他同學一起登上「建威」訓練船，開始了兩年的遠航實習。實習過程中，他在實際駕駛、管理艦船方面表現出很高的素質和才能，深得外教的好評。

清同治十三年（1874 年）2 月，鄧世昌出任「琛航」運輸船大副。並在 1875 年升任「海東雲」炮艦管帶，帶艦巡守海口應對日本對台灣的窺視。在此期間，他執行守備任務時堅決果斷，用兵有方，管帶「振威」炮艦、「揚武」快船扼守澎湖、基隆等要塞，抑制了日本侵略軍的囂張氣焰。

1880 年，北洋水師在英國訂購的「超勇」、「揚威」兩艘巡洋艦完工，鄧世昌隨丁汝昌赴英國接艦。此行他利用各種機會遊歷英國的著名工業城市，看到了機器大生產的宏偉壯觀場面；遊歷了英國海軍的主要基地、港口，領略了當時世界上最強大的海軍模樣；拜訪了格林尼治英國皇家海軍學院，悉心學習外國先進的軍事技術和經驗。經歷了六十一天的遊歷後，鄧世昌由英國返航。地中海、蘇伊士、印度洋的開闊讓他不僅擴大了眼界，還大大地提升了自己的思想境界。

　　清光緒八年（1882 年）夏，朝鮮國內亂，鄧世昌駕「揚威」艦鼓輪疾駛，徑赴朝鮮仁川海口，先日軍而至，挫敗了日本侵朝的計劃。

　　1887 年，鄧世昌率隊赴英、德兩國接收「致遠」、「靖遠」、「經遠」、「來遠」四艘巡洋艦。回國途中，積極組織海軍將士在沿途

▲「致遠」艦軍官合影（攝於鄧世昌故居紀念館）

不間斷地進行各種操練，從早到晚數度變換陣型。操練的內容和科目，完全是實戰中可能發生的，符合戰鬥的需要。且要求正規化，提升了北洋水師的戰訓水準。

清光緒二十年（1894 年），日軍在黃海大東溝突襲中國艦隊，鄧世昌指揮「致遠」艦奮勇反抗。後在日艦圍攻下，「致遠」多處受傷全艦燃起大火，船身傾斜。鄧世昌毅然駕艦全速撞向日本主力艦「吉野」號右舷，決意與敵同歸於盡。不幸被日軍炮彈擊中，最終「致遠」艦沉沒，鄧世昌也隨艦殉亡。

鄧世昌殉國犧牲後舉國震動，清廷賜予鄧世昌「壯節公」諡號，撥給鄧家白銀十萬兩以示撫恤。鄧家用此款為鄧世昌修了衣冠塚，建起鄧氏宗祠，成為我們今日緬懷這段歷史的紀念館。

▌黃海大東溝海戰▐

1894 年，朝鮮爆發東學黨農民起義，朝鮮國王向清廷求援出兵征剿。此時，日本經過明治維新，國力及軍事力量得到了巨大的發展，開始執行以朝鮮為跳板的大陸侵略政策，於是也出兵進入朝鮮半島。

9 月 17 日上午，中國海軍提督丁汝昌率北洋艦隊完成護送陸軍去朝鮮的任務後，返航途中到達鴨綠江口的大東溝海面，遭到日本艦隊襲擊，雙方展開激烈的海戰。北洋水師以十艘戰艦迎擊日本聯合艦隊的十二艘軍艦。無論是軍艦的數量、噸位還是軍艦的航速和火力，都處於劣勢，加之倉促應戰、隊形散亂，特別是剛開戰艦隊便失去了指揮，導致北洋水師從一開始就陷入了被動的境地。

海戰中，「致遠」艦官兵在管帶鄧世昌的指揮下奮勇殺敵，在彈炮用罄之時，恰與日艦「吉野」相遇，遂開動全速向「吉野」猛力衝鋒。日軍大驚失色，集中炮火向「致遠」艦射擊，「致遠」艦右

▲ 中國甲午戰爭博物館，建於北洋水師的基地——劉公島上

側魚雷發射管被擊中，引起大爆炸，終致沉沒。鄧世昌以「闔船俱沒，義不獨生」，殉艦自沉。

五小時的激烈海戰讓北洋艦隊損失五艘軍艦，但是主力尚存。日本艦隊中五艦受重傷，但無一沉沒。

戰後，北洋水師執行了李鴻章「保艦」策略，龜縮在威海，讓出了制海權，最終被日軍圍攻擊破，北洋水師覆滅。

救國探索

┃ 洋務派 ┃

●● 兩次鴉片戰爭的失敗，以及太平天國起義的打擊，令清朝內外交困，清朝部分官僚終於認識到西方堅船利炮的威力。為了解除內憂外患，實現富國強兵，以維護清朝的統治，他們開始推動一些學習西方先進技術的措施。洋務運動的方針是「自強」、「求富」，核心目標是「師夷制夷」、「中體西用」。

洋務運動中，中央代表人物為恭親王奕訢和文祥，地方代表人物有曾國藩、李鴻章、左宗棠、張之洞等湘淮集團，此外還有崇厚、沈葆楨、劉坤一、唐廷樞、張謇等。

洋務派開始大規模引進西方先進的科學技術，興辦近代化軍事工業和民用企業。中國的工業化運動迅速開展。廣東在洋務運動中的重要作用再次凸顯。由於廣州長期是中國對外貿易的中心地，早在林則徐在粵時就提出「以洋稅辦洋防」的主張，當時翻譯和介紹世界知識在廣東就頗為盛行。洋務運動開啟後，李鴻章奏請在上海、廣東設立同文館時說：「洋人總匯之地，以上海、廣東兩口為最，種類較多，書籍較富，見聞較廣。語言文字之粗者，一教習已足；其精者務在博採周諮，集思廣益，非求之上海廣東不可，故行之他處，猶一齊人傳之說也；行之上海廣東，更置之莊嶽之間說也。」這種為解決急需的翻譯人才而創辦的機構，也成為洋務運動開啟的重要標誌。

「求強」的軍事措施上，最大的成果是創辦新式軍事工業，訓練新式海陸軍，建成北洋水師等近代海軍。其中在上海創辦的江南製造總局，是當時規模最大的軍工業。此外，還有金陵製造局、福州船政局、天津機器局等一批大型近代化軍事工業。短短幾年中，中國就已經具備了鑄鐵、煉鋼以及機器生產各種軍工產品的能力，產品包括大炮、槍械、彈藥、水雷和蒸氣輪船等新式武器。

「求富」的措施，則是興辦了一批民用的工業。其中，李鴻章於1872年在上海建立了中國第一個民用企業——輪船招商局，打破了外國航運公司的壟斷局面。

此後，中國近代的礦業、電報業、郵政、鐵路等行業相繼出現。1880年，左宗棠創辦蘭州織呢局，成為中國近代紡織工業的鼻祖。中國近代紡織業、自來水廠、發電廠、機器繅絲、軋花、造紙、印刷、製藥、玻璃製造等輕工業在洋務運動期間得到大力發展，奠定了中國近代化工業的基礎。

求「自立」，主要是創辦新式學校，選送留學生出國深造，培養翻譯、軍事和科技人才。京師同文館、上海廣方言館以及江南製造局的翻譯館，是當時翻譯西方圖書的中心。譯書亦由單純的科技著作，向自然科學、社會科學、人文科學等著作並重發展，促進了中西文化交流與融合。

北洋海軍的建立，是洋務運動在軍事方面取得的最高成果之一。北洋海軍曾經是中國可以威懾海洋的先進軍事力量，在世界海軍史上都佔據了一席之地，一度號稱為亞洲第一、世界第九。

1894年，中日甲午海戰爆發，中國戰敗，北洋水師全軍覆沒。清政府被迫簽訂喪權辱國的《中日馬關條約》，洋務運動宣告破產，中國進一步陷於衰亡的危機。

▌維新派▐

　　隨着洋務運動的開展，中國民族工業有了初步發展。但是甲午戰爭的慘敗，造成了新的民族危機，也激發了新的民族覺醒，逐步形成了變法維新的思潮，並發展成一場變法維新的政治運動。得風氣之先的廣東開始引領時代的風雲。

　　值得一提的是，雖然洋務派與維新派都是鴉片戰爭以來先後出現的新思潮、新政治活動，但他們有所分別。經濟上，洋務派興辦的是官辦工業；而維新派鼓勵、發展的是民族工商業。思想文化上，洋務派主張「中體西用」，單純學習外國的製造技藝；維新派則主張不僅要學習西方科學技術，更應該學習先進的思想文化。政治上，洋務派代表人物多是封建官僚，要維護既有制度；而維新派的代表人物多是中下級士大夫，更容易接受西方政治思想，提出要在政制上進行變革。

　　維新派主要代表人物有康有為、梁啟超、譚嗣同、嚴復等人，為了實現改革維新，他們紛紛著書立說。如康有為寫了《新學偽經考》、《孔子改制考》，梁啟超寫了《變法通議》，譚嗣同寫了《仁學》，嚴復翻譯了赫胥黎的《天演論》等。康有為還向光緒皇帝進呈了《日本變政考》、《俄彼得變政記》、《波蘭分滅記》等介紹外國變法經驗的書。同時設立學堂（如廣州萬木草堂、長沙時務學堂等）、創辦學會（強學會、南學會、保國會等）、創辦報紙（如梁啟超任主筆的上海《時務報》、嚴復主辦的天津《國聞報》以及湖南的《湘報》等），向社會大眾宣傳變革維新的思想。

　　1898 年 6 月 11 日，光緒帝頒佈了「明定國是」諭旨，宣佈開始變法，史稱「戊戌變法」，又稱「百日維新」。這場改革運動因遭到以慈禧太后為首的清廷保守派的破壞而失敗。

▲ 戊戌六君子（攝於辛亥革命紀念館）

　　慈禧太后以「訓政」的名義，重新「垂簾聽政」，將光緒皇帝軟禁在瀛台，同時下令搜捕維新人士。康有為、梁啟超被迫逃亡國外。譚嗣同、劉光第、林旭、楊銳、楊深秀、康廣仁六人同遭殺害，史稱「戊戌六君子」。

　　1898 年的「百日維新」如同曇花一現，只經歷了一百零三天就夭折了。除京師大學堂（北京大學的前身）被保留下來以外，其餘新政措施大都被廢除，以慈禧太后為首的保守勢力扼殺維新變法的政變，史稱「戊戌政變」。戊戌維新運動宣告失敗。

19、20 世紀之交的政治風雲

慈禧奪權「訓政」後，康有為等維新派逃往國外宣傳維新思想，主張實行君主立憲制。另外，清廷政府也推出預備立憲，以求維持清皇朝的統治。

以張謇、鄭觀應等人為主要代表的羣體，提出了「實業救國」的思想。這裏的「實業」泛指工業、農業和商業。尤其在甲午戰敗之後，陳熾在《續富國策·勸工強國説》宣稱「今後中國的存亡興廢，皆以勸工一言為旋轉乾坤之樞紐」。廣東成為了「實業救國」的重要實踐地。

第三章。

推翻帝制、

甲午戰爭的失敗以及八國聯軍的入侵，激發了民主共和的革命思潮。在孫中山等先驅的領導下，新崛起的年青革命知識分子成為推動清末革命運動的主力，運動勃興。而廣東也成為全國革命思想傳播和革命運動的前沿。

建立共和的革命前沿

乙未廣州起義

●● 1895 年 8 月，孫中山在香港召開了會議，決定 10 月在廣州發動武裝起義，希望奪下廣州做根據地，並草擬了反清檄文和對外宣言。

起義前夕，因香港楊衢雲約期未至，又遭叛徒告密，清廷四處搜捕起義眾人，參加起義的羣眾七十多人被捕，包括陸皓東、朱貴全、邱四等核心成員英勇犧牲。其中陸皓東被孫中山譽為「中國有史以來為共和革命而犧牲之第一人」。

乙未廣州起義雖然失敗，但這是革命黨人發動的第一次武裝起義，意義重大。

▲ 如今繁華的北京路，即是乙未廣州起義的核心區域

▲ 現今北京路上的青年文化宮，建於當年乙未廣州起義指揮部王家祠舊址

廣州新軍起義

▼ 孫中山為紀念戰友朱執信而建立的執信中學

●● 1894 年，清政府在甲午戰爭中慘敗，湘軍、淮軍、防軍、練軍又腐敗不堪用。為加強陸軍力量，清廷開始採用西式的軍制、訓練以及裝備，依照德日制度編練新式陸軍。此時部分革命黨人也開始投身新軍隊伍或各種軍事學堂，宣揚革命思想。

1909 年 11 月，朱執信、趙聲、倪映典、陳炯明等人計劃乘光緒帝和慈禧太后相繼死去之機，利用同盟會在廣州新軍的影響力，發起反清起義。最終這次起義因為計劃泄露，被迫提前行動而失敗。

朱執信
（1885 年～1920 年）

朱執信出生在廣州番禺的一個書香世家。1904 年，參加廣東官費留學資格考試，名列第一。1904 年冬，他與胡漢民、汪精衛等人一起東渡日本留學，進入東京法政大學速成科攻讀經濟。在日本，朱執信結識了孫中山，對孫中山的革命活動和偉大氣魄非常敬佩。不久之後加入了中國同盟會，成為早期的重要骨幹。

次年朱執信歸國，先後在廣東高等學堂、廣東法政學堂及方言學堂等校任教。他以教員身份為掩護，積極在新軍中發展同盟會員，調動他們的反清熱情，使之接受同盟會的領導。

同時，朱執信還是中國最早介紹《資本論》的人。他在革命黨的機關報《民報》裏詳盡而系統地介紹了馬克思、恩格斯的國

▼ 朱執信墓

際共產主義運動，還翻譯了《共產黨宣言》的十大綱領中與《資本論》有關的內容。

1910 年 2 月，他與趙聲、倪映典等人發動了廣州新軍起義。起義失敗後，他又於 1911 年 4 月 27 日參加了著名的黃花崗起義。戰鬥中，他英勇無比，因胸部受傷才被救去香港。

武昌起義爆發後，朱執信在廣東發動民軍起義，對於促成廣東兵不血刃而光復起了重大作用。此後的二次革命、護國運動、護法運動、討桂行動中，他一直都是孫中山的主要助手。

1920 年秋，朱執信到虎門。他在調停駐軍和東莞民軍衝突時，被桂系軍閥殺害。葬於現今廣州市天河區先烈東路 127 號。

黃花崗起義
（三 · 二九起義）

●●●自 1905 年中國同盟會成立，革命黨人發動了一次又一次以推翻腐朽的清朝統治、建立共和國為目的的武裝起義。著名的有湘贛萍瀏醴起義、潮州黃岡起義、惠州七女湖起義、欽廉防城起義、廣西鎮南關起義、欽廉上思起義、雲南河口起義。光復會也在 1908 年發動了安慶新軍馬炮營起義。但這些起義都因種種因素，未能成功。

1910 年 2 月，中國同盟會會員倪映典率廣州新軍起義，又遭失敗。但同盟會仍然希望在廣州捲土重來。次年 4 月 27 日，黃興領軍舉行起義，不幸失敗，犧牲了不少革命骨幹。中國同盟會會員潘達微先生不顧清廷禁令，以《平民日報》記者的公開身份，組織人手，把散落並已腐爛的七十二位烈士的遺骨收殮安葬於廣州郊外的紅花崗，並將紅花崗改為黃花崗，史稱「黃花崗七十二烈士」（經 1932 年複查，增至八十六位有名有姓的烈士）。

孫中山在美國芝加哥得悉起義失敗，認為此役起義軍的勇敢英烈，為世界各國所未曾有，革命之聲威愈振，人心更奮發。並稱這次起義，「其影響世界各國實非常之大，而我海內外之同胞，無不以此而大生奮感」。

▼ 黃花崗七十二烈士陵園

辛亥革命紀念館：
謀求祖國復興、
先賢不能忘記

●● 1905 年 7 月，孫中山籌建了同盟會。同盟會結合了湖南的華興會（黃興、宋教仁、陳天華等）、廣東的興中會（孫中山、胡漢民、汪精衛等）、江浙的光復會（陶成章、章炳麟、蔡元培、秋瑾等）、湖北的科學補習所（劉靜庵、宋教仁、呂大森、張難先、胡瑛、曹亞伯等）、皖蘇的岳王會（趙聲、吳暘谷、倪映典等）等各地革命組織而成。

自 1906 年起，中國同盟會聯合地方會黨，先後發動了多次起義都不成功。黃花崗起義失敗後，以文學社和共進會為主的革命黨人決定以武漢為中心在兩湖地區發動一次新的武裝起義。

這就是在清宣統三年（1911 年）10 月 10 日成功發動的，著名的武昌起義。武昌起義後，湖北軍政府成立。各省呼應，隨後短短的兩個月內，湖南、廣東等十五個省紛紛宣佈脫離清政府而獨立。

1912 年 1 月 1 日，中華民國臨時政府在南京成立，孫中山被推舉為臨時大總統。1912 年 2 月 12 日，清帝溥儀退位，清朝滅亡。中國兩千多年的封建帝制宣告結束。

1912 年 8 月 7 日，在宋教仁的組織下，中國同盟會、統一共和黨、國民公黨、國民共進會和共和實進會聯合在北京成立中國國民黨，孫中山為理事長，宋教仁為代理事長。1913 年，袁世凱在就任正式大總統後，於 11 月 4 日下令將國民黨強行解散。

廣州在推翻封建制度的革命中，一直都是孫中山革命的重要策源地，也是孫中山眾多支持者的運動地。並且留下了豐富的歷史遺跡和文化遺產，故而於 2011 年建成開放了這座辛亥革命紀念館，對於研究中國近現代史具有重要意義。

▲ 孫中山就任臨時大總統場景（攝於大元帥府）

▲ 清廷心腹之患「四大寇」，左起孫中山、陳少白、尤列、楊鶴齡（攝於辛亥革命紀念館）

第四章。

革命

尚未成功

　　辛亥革命雖然結束了兩千餘年的帝制社會，但是國家還處於軍閥割據混戰、四分五裂的狀態，帝國主義強加給中國的不平等條約仍未廢除，政治上和經濟上的束縛依然存在，華夏的崛起仍未實現。

　　在廣州這座英雄之城，革命先烈展開了一次次救亡圖強的努力，也留下了不少緬懷之地。

大元帥府

●● 1912 年元旦，孫中山在南京宣告中華民國臨時政府成立，就任臨時大總統。僅四個月後就被袁世凱竊取了大總統之位。1914 年，袁世凱解散國會，並廢止《中華民國臨時約法》，停止國民黨組閣。蔡鍔等人發動護國戰爭反對袁世凱稱帝。

1916 年 6 月袁世凱死後，府院之爭、張勳復辟等事件接連上演。令孫中山極為憤怒，即偕廖仲愷、朱執信、何香凝、章太炎等人南下，連同部分國會議員在廣州成立軍政府，開展「護法運動」準備「北伐」。

軍政府採取元首制，樹立了孫中山在護法政權中的領導地位，但桂、滇軍閥按各方實力排定座次，名為「護法」，實為爭奪地盤，最終第一次護法運動失敗。

孫中山大元帥府紀念館，就是孫中山在 1917 至 1925 年期間，三次在廣州建立革命政權，其中兩次開府辦公的地方。

至1917年8月中旬，南下的国会议员只有130余位，远未达到议员的半数。经过商议，议员们决定参照法国大革命时期三级会议的做法，召开国会非常会议。图为1917年8月25日，国会非常会议在广州召开后孙中山与国会议员的合影。

▲ 南下的國會議員合影（攝於大元帥府展板）

▼ 大元帥府

中山紀念堂
——孫中山任非常大總統的總統府

●●● 1917 年開始的護法運動以失敗告終。1919 年 10 月，孫中山宣佈將中華革命黨改組為中國國民黨[①]。10 月底，陳炯明的粵軍驅逐了佔據廣州的桂系軍閥，成為孫中山最為倚仗的軍事力量，重建了大元帥府。

1921 年 4 月 7 日，國會非常會議選舉孫中山為中華民國大總統，並入住廣州「總統府」。孫中山堅定認為要統一中國必須武力北伐，打倒北洋政府，結束軍閥割據。

但陳炯明認為南北政府在短時間內無法統一，與其連年征戰，不如各省先行自治，再實行聯省自治。如此可以不通過武力而最終實現全國的統一。兩人的思想產生了嚴重的分歧，矛盾愈來愈深。孫中山命令陳炯明將部隊撤出廣州之外，而陳炯明竟針鋒相對，發佈了《粵軍全體官兵請孫中山下野電》的通電，並在 1922 年 6 月 16 日凌晨 3 點鐘炮轟總統府。幸好孫中山數小時前得到消息，及時撤離到停在珠江的永豐艦（中山艦）上，最後前往了上海。

1925 年 3 月 12 日，孫中山逝世。1926 年，國民黨元老李濟深發起籌款，在原總統府的位置建設紀念孫先生的紀念堂。紀念堂出

---

① 1912 年宋教仁改組後的政黨為「國民黨」。1919 年孫中山再次改組的政黨為「中國國民黨」。

自著名建築師呂彥直（中山陵也由其設計督造）的設計，是一座融合了中國傳統的宮殿式風格與近代西洋平面設計的八角形建築。外形莊嚴宏偉，運用了現代建築的技術原理，採用鋼架和鋼筋混凝土混合的結構，長、寬各為 52 米。地面至八角亭穹頂淨高為 47 米的觀眾大廳內，中間竟不設一柱，成為當時建築的最高水準。[2]

　　紀念堂建成之後，成為廣州市大型集會和演出的重要場所。1945 年 9 月 16 日，華南日軍在這裏向國民黨軍第二方面軍張發奎司令簽署降書。

---

② 　盧潔峯，《廣州中山紀念堂鈎沉》，廣東人民出版社，2003 年版。

▲ 中山紀念堂

黃埔軍校舊址

●● 清光緒二十九年（1903 年），時任直隸總督兼北洋大臣的袁世凱在天津小站編練新軍，被稱為「北洋軍」。清政府計劃以北洋新軍為藍本，建立了「北洋六鎮」，這是當時戰鬥力最強的清朝新式軍隊，也成為了日後盤據各地方的軍事力量。

1911 年辛亥武昌起義，很多地方勢力其實也早有脫離朝廷控制、各自坐大的想法，紛紛乘機改旗易幟。革命政府對各地軍事勢力的控制力十分有限，各地軍閥也各自為政，互相爭奪利益。袁世凱掌控的新軍成為當時最強大的軍事集團，藉此奪取了革命成果。

袁世凱死後，再沒人有力量支配整個局勢，原清軍舊勢力及各省有實力的人物，紛紛組建軍隊，劃分勢力範圍。而各帝國主義國家為了確保自己在中國的利益，也紛紛各自支持地方上的軍閥，造成中國「分而治之」、互相攻伐的軍閥割據的局面。

面對紛亂的政局，孫中山先後發起了二次革命、護國運動、護法運動，但都以失敗告終。終於，孫中山總結了辛亥革命以來的失敗教訓，深深感到依靠軍閥的武裝，是不可能取得革命勝利的。同

時，列寧領導革命軍隊取得十月革命勝利的經驗，也使孫中山得到很大啟發。1921年孫中山在桂林會見了共產國際代表馬林，馬林建議創立軍官學校，建立革命軍的基礎。孫中山欣然接受。

1923年2月，孫中山再回廣州重建大元帥府。這時，廣東革命形勢迅猛發展，迫切要求建立一支可靠的革命武裝力量。到1924年1月，國共第一次合作正式形成，開始聯手創建黃埔軍官學校。到5月，第一期學員五百人也全部入校。廖仲愷為黨代表，蔣介石為校長，周恩來為政治部主任。

以軍校學員為骨幹而組成的新軍，先後參加了東征、廣東商團之亂、二次東征、南征、北伐，連戰皆捷，戰果輝煌。1927年4月12日，蔣介石發動政變，黃埔軍校學員決裂，從同學變成敵人。從1924年到1950年，黃埔師生斷斷續續相互對峙交戰了二十六年。

抗日戰爭爆發之際，國共再次聯手抗敵。黃埔系的師生基本都成為舉足輕重的軍中骨幹，在國家和民族存亡面前表現出革命軍人視死如歸的精神，無數黃埔軍人血灑疆場。

▲ 黃埔軍校開學典禮留影（攝於大元帥府展板）

▼ 黃埔軍校今貌

省港大罷工

●● 1925 年 5 月上旬，上海日紗廠工人為了抗議日本資本家無理開除中國工人和剋扣工資，舉行罷工。5 月 15 日，日本資本家對罷工工人進行報復，開槍打死工人顧正紅，打傷工人十餘人，激起上海工人、學生、市民的極大憤慨。5 月 30 日，上海學生兩千餘人到租界內進行演講，聲援工人鬥爭，號召收回租界。近百名學生被英警逮捕。隨後萬餘羣眾，集中在公共租界南京路巡捕房口，要求釋放被捕學生。英警開槍屠殺羣眾，打死十三人，傷多人，逮捕數十人，造成震驚中外的五卅慘案。事件引起全中國出現反抗外國在華勢力的五卅運動，全國各地直接參加聲援運動的人數估計有一千二百萬人。

　　1925 年 6 月，為支援上海人民五卅反帝愛國運動，廣州和香港爆發了規模宏大的省港大罷工。當時的廣州國民政府處於聯俄容共時期，在國民黨及共產黨組織下，廣東各界巡行大示威。6 月 23 日，香港罷工工人和廣州市的工人、農民、學生、青年、軍人及其他羣眾十萬餘人，在廣州舉行上海慘案追悼大會，會後舉行遊行示威。密集的遊行隊伍路過沙基時，突然遭到沙面租界英國軍警的射擊，停泊在白鵝潭的英、法軍艦也開炮轟擊，造成示威羣眾慘重傷亡。據不完全統計，在這次事件中有五十餘人被打死，一百七十餘人受重傷，輕傷者不計其數。沙基慘案發生後，廣州革命政府立即照會英、法等國提出抗議，並宣佈同英國經濟絕交，同時封鎖出海口。

到了 1925 年 8 月底，主持罷工的中央委員兼工人部長廖仲愷被刺殺。1926 年 3 月初，省港罷工委員會因中山艦事件而被蔣介石繳械。4 月初起，國民政府開始北伐，注意力有所轉移。主張強硬的港督司徒拔（Reginald Edward Stubbs）離任，新任港督金文泰（Cecil Clementi）派出輔政司到廣州與國民政府談判。到 1926 年 10 月 10 日，持續了十六個月的省港大罷工正式結束。

▲ 六 · 二三紀念碑（沙基慘案紀念碑）

十九路軍陵園

●●十九路軍由粵軍第一師改編，是孫中山最堅定的支持者。孫中山領導的護國運動、護法運動，他們都是最有力的後盾，讓深受軍閥割據之苦的中國民眾重新凝聚起來。這支嶺南子弟部隊在戰火中不斷成長，逐漸成為了中國戰鬥力最強的軍隊之一，被譽為「鐵軍」。

1932 年，十九路軍駐守着上海。當時日本軍人剛剛侵佔我國的東北地區，日本軍隊再圖謀奪取長江的門戶——上海，並揚言「佔領上海只需要十二小時」。1 月 28 日，日本軍隊開始對上海的陣地、民宅、商店發起狂轟濫炸。面對日軍的侵略，十九路軍沉着應對，在總指揮蔣光鼐、軍長蔡廷鍇的率領下，決死奮戰，史稱「第一次淞滬會戰」。十九路軍在上海展開了多次的自衛戰，在長達一個多月的戰事中，日軍損失慘重，三次更換主帥都不能取勝。最終迫使日本放棄這次的進攻。直至六年之後，日軍才敢發起第二次淞滬會戰。

這次淞滬保衛戰在中國十四年的抗戰史中有着重要的歷史地位和影響。這是中國軍隊和日軍第一次真正意義上全面的對抗和較量，十九路軍展現出來的團結一致、敢於犧牲的精神，極大地激勵了中華民族抵抗外國侵略的意志和決心。同時，為全面抗戰爭取了寶貴的備戰時間。

▲ 十九路軍陵園

　　廣東是中國最早堅定抗日的省份之一，自 1932 年第一次淞滬保衛戰到抗戰結束，廣東有 92.5 萬子弟遠離故土在全國各地從事抗日救國事業。經十四年抗戰的浴血奮戰，無數戰士壯烈犧牲，到抗戰勝利回歸家鄉的粵籍軍人，僅得三千餘人。[①]

　　百萬北上三千歸，川軍未出粵兵堆。世人皆道川湘貴，不知粵地盡白綾。向埋沒於歷史之中的赫赫英雄，致敬！

<hr />

①　資料引用自《抗日戰爭中廣東的作用和地位》，抗日戰爭紀念網，2017-09-11。

穿越歷史遊灣區：廣州特輯

▲ 第一次淞滬會戰中的十九路軍

▲ 紀念十九路軍的「凱旋門」

農民運動講習所

●●一組紅牆黃瓦、磚木結構的古建築羣，在城市裏格外引人注目。院內種植有木棉、菩提、龍眼、九里香等古樹，在陽光下樹影婆娑，古韻十足。

這裏是農民運動講習所，位於現今廣州市越秀區中山四路 42 號。原為明代修建的孔廟，清代更名為「番禺學宮」，距今已有六百五十年歷史。民國十五年（1926 年）5 月～ 9 月間，毛澤東在此主辦農民運動講習所，簡稱「農講所」，是廣州「近現代重要史跡及代表性建築」。

　　如今的「農講所」成為了愛國主義教育示範基地、全國紅色旅遊經典景區，免費對外開放。前院泮池路旁的草坪上，還保留着農民運動講習所學員鍛煉身體的單槓。

▼ 農民運動講習所（原番禺學宮）

第五章。

文教

興盛

1905 年，中國傳統的科舉制度被廢除，教育制度也迎來了大變革。同時，私立辦學、教會辦學之風也在廣州興起，並產生巨大的影響。廣州成為教育改革中的探路者和開拓者。

中山大學

●●中山大學的歷史已近百年。
1924 年，孫中山親自將廣東法
科大學、廣東高等師範大學、
廣東農業專門學校整合創立了國
立廣東大學。1926 年孫中山先
生逝世後，廖仲愷提議改校名
為「國立中山大學」，併入廣東
公立醫科大學、國立廣東法科學
院、廣東省立勤勤大學工學院，
成為廣東最高學府之一。

不少知名學者專家在此任
教，傑出的校友更是舉不勝舉。

解放後由中山大學的工、
農、醫學院為骨幹，拆分出華南
理工大學、華南農業大學、中山
醫科大學和華南師範大學。現
今，中山大學作為一所綜合性全
國重點大學，位列國家「雙一
流」、「985 工程」、「211 工程」。

▼ 中山大學校門

嶺南大學 (Lingnan University)

●●嶺南大學和香港淵源甚深。早在 1888 年，美國的長老會（American Presbyterian Church）就在廣州創辦了這所名為「格致書院」（Christian College in China）的高等學府。

民國建立之後禁止外國人在中國辦大學，學校於 1927 年由華人接手主理校務，亦正式易名為「嶺南大學」。至抗戰前夕，嶺南大學在原有的文理學科基礎上增設了商學院、工學院、農學院、醫學院等部門，成為華南舉足輕重的綜合大學。

抗日戰爭爆發，嶺南大學也被迫漂泊於香港、韶關、梅州。抗戰勝利後，大學重回廣州康樂的校園，陳序經接任校長一職，力邀陳寅恪、王力、梁方仲、容庚等人文學科的國寶級教授加入，迅速將嶺南大學的學術地位提升到一個新的境界，其盛況一時無兩。

1952 年，全國高等院校進行調整，嶺南大學的康樂校園轉給中山大學使用，隨後於香港的分支中學恢復嶺大的授課。數十年的開拓辦學之下，嶺南大學現已成為博雅教育的領先大學，被《福布斯》雜誌評為「亞洲十大頂尖博雅學院」之一。

▲ 原嶺南大學中的陳寅恪故居

穗港教育之淵源

●●「真光豬，嶺南牛，培正馬騮頭，培英咕哩頭，培道女子溫柔柔。」這是上世紀就廣泛流傳的一首粵語童謠。裏面提到了當時六所廣州的教會學校，真光和培道在當時「女子無才便是德」的傳統中突破，是中國最早的一批女子學校。而這些學校的出現和一個特殊的羣體息息相關。

1684 年，粵海關招募了十三家很有實力的行商，讓他們代理海外貿易業務，與洋船上的外商做生意並代海關徵繳關稅。到了 1757 年，乾隆皇帝下旨僅保留廣州作為對外通商的唯一口岸。隨後這些行商迅速崛起成為一個龐大的商業羣體，誕生了潘（同孚洋行）、伍（怡和洋行）、盧（廣利洋行）、葉（義成洋行）四大富豪。

鴉片戰爭後，香港被英國割據，英資勢力逐漸主導了廣東的貿易。由於香港背靠廣州、地處珠江口，在英資勢力的影響之下，貿易中心開始向香港轉移。廣州傳統的十三行商業羣體亦感受到香港口岸的便利，於是也開始將家族重心轉移去香港。這些最早接觸西方社會並深受影響的豪商，極大地推動了香港開埠的繁榮。

省港之間的經濟繁榮也帶動了兩地文化的興盛，大批新式書院（學校）在廣州興建。當時入學的學生多是早已受西方影響的商人子弟，尤其是 1872 年開辦的「真光書院」和 1888 年創辦的「培道書院」。童謠中的「真光豬」其實是指學生皆為珠圓玉潤的大家閨秀，和被譽為「溫柔柔」的培道學生一時瑜亮。創建於 1888 年的嶺南學校，所教導的學生邏輯思維強，只要道理站得住腳，很少會退讓，所以脾氣比較倔強，像牛一樣，便被稱為「嶺南牛」。1889 年創建的培正中學教導出來的學生比較活潑、思維活躍，就連身手亦是矯健，得到了「馬騮（猴子）」的稱號。1879 年創辦的培英中學（原稱「安和堂」）教導出的學生有師兄照顧師弟，講求義氣的「江湖習慣」，故而被稱為「咕哩頭」。

　　同時也因為當時省、港、澳之間的經濟聯繫相當密切，後面又有二戰等影響，這些學校多在三地分建校區，各自發展至今，持續為大灣區的教育事業、人才發展和文化傳承貢獻力量。

第六章。

時代序幕

改革開放

　　廣州作為兩千多年來嶺南的中心城市，是中國通往世界的「南大門」。上世紀 70 年代末，內地開始改革開放，廣州肩負了先行先試的特殊使命。終於不負國家所託和國民的期望，為中國的改革開放做出了重大的貢獻。

內地首家五星級賓館
——白天鵝

1978年秋季廣交會上，一名法國客商在廣州找不到合適的住處，一氣之下返回了香港。為此，國務院成立了「利用僑資外資籌建旅遊飯店領導小組」，具體提出在北京、廣州、上海、南京四大城市，建八家涉外賓館。

作為改革開放前沿陣地的廣州，需要建設達國際水準的五星級酒店，這個任務由愛國商人霍英東先生包攬承建。經過對廣州的多番考察，霍英東最終選定了廣州的「城市綠洲」——沙面島。為了不破壞沙面島環境，不佔用沙面島的地，在香港有填海經驗的霍英東開始在沙面島以外的江面圍堰造地，計劃把酒店建在江上，這在當時的中國本身就是一個「創舉」。1983年2月6日，廣州白天鵝賓館正式開業。

與廣東人務實的性格相似，「白天鵝」的設計既簡約又華麗。白天鵝賓館主要是服務廣交會日益增長的外國客商，客房需求量很大，所以客房達千間。當時的中國還處於計劃經濟時代，很多建築材料國內都沒有，霍英東先生便請人從國外買來設備、建材、家具，幾乎全是進口。「白天鵝」成為了當時中國酒店行業的標杆，成功吸引了大批外資進入廣州。也為隨後開業的中國大酒店、花園酒店等五星級酒店提供了學習範本。

▼ 沙面島及白天鵝賓館

全國第一個商品住宅項目
——東湖新村

　　1980 年 1 月，《紅旗》雜誌發表蘇星《怎樣使住宅問題解決得快些》一文，指出住宅是個人消費品的重要組成部分，應該走商品化道路。

　　新中國成立之初至 1978 年的三十年裏，廣州市的人均居住面積一直在 3 平方米左右。住房問題是百姓亟須解決的矛盾。當時內地引進外資的大門剛打開，房地產建設「引資」無先例可循，「政府出土地、外商出資金」的合作方式，在當時是人們不敢想像的事情。

　　與香港寶江發展有限公司開發的東湖新村，是內地第一個引進外資開發的純商品住宅項目，也是第一個實施物業管理的住宅社區。為內地的居住模式摸索出一條創新之路。

▼ 全國第一個商品房項目——東湖新村

「招手即停」之的士

●●如今可能難以想像，內地最早的的士是定點候客的。乘客需要先到候客站辦租車手續，再由司機接單載客。司機完成接送任務後需要空車返回服務點，等候下一次的載客任務。

1979 年，廣州市交通局和香港羊城的士合作，成立了內地第一家合資的士公司——「廣州市白雲小汽車出租公司」。在全國率先實行「沿途載客、招手即停、計程收費、日夜服務、電話預約」的運行模式，引發了極大的反響，並入選為廣州改革開放十年成就之一。

▲ 廣州白雲「紅的士」

「廣貨」的新篇章

●●●在改革開放初期，由於生產工藝、技術設備等原因，品質好的貨品多是進口的洋貨。後來，廣州地區憑藉臨近港澳的優勢，迅速掌握了相關的技術，促使各門類產品的工藝技術升級，改革成效顯現。「廣貨」開始成為內地走俏的商品。

當時內地賣的餅乾多是廣東產的，比如威化、克力架都是粵式叫法；廣東的服裝款式也常常成為潮流的風向標，新潮時髦的西服、牛仔服和健美褲、蝙蝠衫都是當時市場熱捧的服裝；各種電器也新穎美觀，鑽石牌、明珠牌風扇及三角牌電飯煲在當時全國都很有影響力；浪奇、高富力、黑妹牙膏等輕工產品也因物美價廉走進了千家萬戶⋯⋯

市場喜歡甚麼就迅速生產甚麼的開放思路，使「廣貨」走在了時尚潮頭，並形成規模化、品牌化的效應。各地的商戶都紛紛到廣東來進貨，讓內地出現了「遠看是洋貨，近看是廣貨」的商業諺語。

第七章。

瞩目成就

當代廣州

　　作為海上絲綢之路的發祥地，廣州被譽為「千年商都」。改革開放以來，廣州以開拓者的身份取得了輝煌成就。1978年，廣州 GDP 僅為 43.09 億元。到了 2018 年被評為世界一線城市（Alpha 級）時，廣州的 GDP 總量已經達到 2.1 萬億元。2023年，廣州 GDP 總量已邁過 3 萬億人民幣門檻。

　　崛起的廣州，目前正大力發展科學發現、生態優化、人才支撐、技術發明和產業發展這幾條主線。

珠江新城——
城市東進，再塑新中軸

●●●上世紀末，廣州的城市發展出現了「東進」的特點，孕育出珠江新城這個城市新中軸。這條中軸線北起瘦狗嶺，經廣州東站——中信廣場——天河體育中心——珠江新城（核心區）——廣州塔至珠江外航道新客運港。

經過十數年的建設，這裏成為了繼北京、上海之後，經國務院批准的第三個國家級中央商務區。它的出現，使廣州從一個省會城市推向影響整個南中國的現代大都會，其社會經濟文化輻射力直指東南亞。

2019 年，廣州天河 CBD 的 GDP 達到了 3328 億元人民幣（僅次於上海陸家嘴，全國第二），擁有總部企業一百二十家、超過兩百個世界 500 強的投資項目。同時這裏也是中國 300 米以上摩天建築最密集的地方之一，一百二十一棟寫字樓中納稅過億的樓宇接近六成（僅次於成都天府 CBD，全國第二），納稅過十億的樓宇有十七棟，佔比是全國之最。[①]

---

① 以上資料來自於中國社科院發佈的《商務中心區藍皮書：中國商務中心區發展報告 No.7（2021）》。

廣州大劇院

●●廣州大劇院是廣州新中軸線上的標誌性建築之一。它坐落於天河中央商務區，東毗廣東省博物館和廣州圖書館，西鄰美國駐廣州總領事館，南望珠江與海心沙，北靠廣州國際金融中心，歷時五年才建成。

廣州大劇院總佔地面積 4.2 萬平方米，建築面積 7.3 萬平方米，建築總高度 43.1 米，擁有歌劇廳、實驗劇場、當代美術館等藝術專館和三個排練廳（歌劇排練廳、芭蕾排練廳以及交響樂排練廳）。

廣州大劇院的外形被稱為「圓潤雙礫」，其主體建築為黑白灰色調的「雙礫」。由獲得「普立茲克建築獎」的英籍伊拉克裔女設計師扎哈・哈迪德設計。廣州大劇院沒有垂直的柱子，也沒有垂直的牆，採用不規則的幾何形體設計，致使「石頭」的外觀是扭曲傾斜的，僅外表面就有 64 個面，41 個轉角和 104 條稜線，宛如兩塊被珠江水沖刷過的靈石，外形奇特，複雜多變，充滿奇思妙想。

劇院還採用了「虹吸排水」系統。劇院表層的石材具有四層結構：防水、保溫、隔熱和裝飾效果，為開放性的石材安裝工藝，通過石材間縫收集雨水，隨時收集、排放。而在劇場內部頂端，疏密有致地安裝了四千多盞 LED 燈，具有環保節能功效。

廣州大劇院的視聽效果由聲學家、聲學界最高獎「塞賓獎」得主馬歇爾設計，採用不規則的「雙手環抱」式看台，以區別於大多

數劇場採用的馬蹄形、方形或矩形等形狀的觀眾席。「雙手環抱」式看台，即觀眾廳池座兩側的升起部分和樓座挑台交錯重疊，看台猶如「雙手環抱」。

以上諸多的精心設計讓廣州大劇院成為目前華南地區最先進、最完善和最大的綜合性表演藝術中心，其全新的運營管理模式也使之成為中國文化體制改革的前沿陣地。2013 年 9 月，廣州大劇院獲得「菲迪克百年重大建築項目傑出獎」。2014 年，廣州大劇院被《今日美國》評為「世界十大歌劇院」。

▼ 廣州大劇院

廣州塔

●●廣州塔是新千年出現的規劃，2004年時就對設計方案進行了全球招標。競標任務書上幾乎沒有任何限制，以最大的寬容度，尊重設計者的智慧。這種招標方式引起全世界雄心勃勃的設計公司的注意，很多世界著名的設計公司紛紛提交了自己的方案。

最終奪下桂冠的是名不見經傳的一對荷蘭夫婦——建築師馬克‧海默爾和芭芭拉‧庫伊特。他們的創意竟來自廚房——找到兩個圓形木盤，中間支撐上筷子，然後旋轉上面的木盤，便得到了「小蠻腰」的最初模型。

然而，廣州塔的建造涉及到有關建築斜、高、扭、偏、柔、鏤空等各方面的難點，對各方建築師來說都是一個極大的挑戰。僅僅是支撐鋼柱由32根減少到24根的「優美細腰」，以及鋼柱之間兩千多個節點的銜接受力，就難倒了無數的設計師。最終依靠超級電腦無數次的計算才解決。

此外，中國工程院周福霖院士團隊，也全力支援廣州塔的建設。為了解決珠三角常發的颱風問題，廣州塔頂上設置了兩個重達600噸的水槽阻尼器和被動複合調諧減振控制系統，讓廣州塔不僅有抵禦12級颱風的能力，還具備了抵禦7.8級地震烈度的能力。

最終，在東西團隊的努力之下，這座600米高（由於航路限制只能600米以下）的建築以細長的玲瓏腰身、絢麗的燈光夜景、多樣的觀景平台，成為南粵明珠廣州的名片，創造了無數個世界之最。

廣州塔

廣東省博物館

●●歷史上廣東的範圍很大，相當於今天所說的「華南」概念。最早這個地區被稱為「嶺南」，即中國南方五嶺以南地區。五嶺由越城嶺、都龐嶺、萌渚嶺、騎田嶺、大庾嶺五座山組成，大體分佈在廣西東部至廣東東部和湖南、江西四省邊界處。歷史上大致包括粵、港、澳、瓊（海南島）、桂（廣西）、滇（雲南）東部、閩（福建）西南部地區。嶺南還具有歷史概念，各朝代的建制區劃都有比較大的變化。近代相繼出土大量的文物，實證了嶺南地區在秦之前已經存在燦爛的新石器時代和青銅時代高度文明，是中華文明的發源地之一。

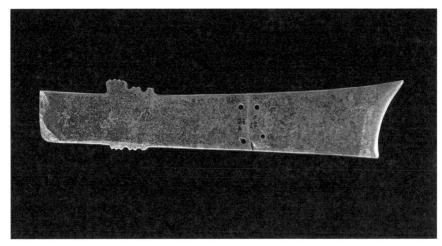

▲ 玉牙璋，香港南丫島大灣遺址出土。玉牙璋是中原及三星堆等重要遺跡的常見「禮玉」，具有祭祀天、地等宗教意義。大灣遺址出土石牙璋刻有商代流行的陰線紋，說明早於距今三千年間，香港先民與中原商文化已有交流。

▲ 廣東省博物館

考古發現，在舊石器時代早期（距今六十萬年至八十萬年前）嶺南境內已有人類活動遺跡。距今一萬四千年前廣東先民就馴化了水稻，或成世界稻作文明源頭。甑皮岩遺址是距今一萬兩千年至七千年新石器時代典型的洞穴遺址，於 1965 年被發現。它不僅是現代華南人乃至東南亞人古老祖先的居住地之一，也是古人類陶器的重要起源地之一。

到了近代，充滿活力的嶺南更是成為中國的先進地區，對近代中國產生了巨大的影響。改革開放以來，嶺南文化以其獨有的多元、務實、開放、相容、創新等特點，採中原之精粹，納四海之新風，融匯昇華，自成宗系，在中華大文化之林獨樹一幟，對嶺南地區乃至全國的經濟、社會發展起着積極的推動作用，是中華民族燦爛文化中最具特色和活力的地域文化之一。

於 2010 年建成的廣東省博物館（新館），以眾多的文物系統地、如實地向我們講述了嶺南大地數千年的發展歷程，是了解這片熱土的好去處。

永慶坊
（粵劇藝術博物館）

●●永慶坊是傳統西關的區域，荔灣涌從中穿過，地理位置相當優越。目前這裏規劃成了傳統廣州社區的示範標杆，將原本老舊的社區進行活化，並將具有嶺南特色的美食、特產、文創產品、休閒等元素集中在這裏，是一處值得探訪的地方。

位於永慶坊內的粵劇藝術博物館於 2016 年開放，環繞中心晚沙湖錯落分佈六組院落空間，院院相連又相對獨立。設有園林、展廳、戲台、劇場等傳承展示區域。無論是建築風采、展品介紹，還是定期舉行粵劇粵曲展演，這裏都是品味廣州的祕境。

永慶坊區域的傳統建築很多，除了規模最大的粵劇藝術博物館和詹天佑故居之外，還有很多頗具特色的地方：

永慶一巷 13 號，是李小龍的父親李海泉的居所。李海泉是粵劇一代名伶，20 世紀 30 年代以演出「爛衫戲」成名，名列粵劇「四大名丑」。現在這所西關大屋式樣的建築陳列着李小龍祖居特展，詳述李小龍生平與演藝歷史。

恩寧路 177 號，是「瓊花會館」（後新建為「八和會館」）遷址廣州的會址。作為海內外粵劇總會，最盛時期有六千多會員登記在冊，近一百九十多位名伶在周邊擇居。

永慶二巷 7 號，是八和會館旗下八分堂之一的鑾興堂。這裏曾是粵劇武行演武之地。過去戲班的戲棚基本都由竹木和竹篾搭建，

非常容易起火。因此粵劇戲班供奉火神華光為「祖師」，以祈趨吉避凶。每年華光師傅誕迎神賽會巡遊禮，均由鑾興堂龍虎武師擔任。

位於多寶坊 27 號的嶺南建築，是清同治十三年（1874 年）探花郎李文田養老之所。他辭官回鄉，在廣州荔枝灣畔營建了這座藏書樓。當時樓內藏書非常豐富，而李文田最喜愛其中的「東嶽泰山碑」和「西嶽華山廟碑」早期拓本，故而各取一字稱為「泰華樓」。

多寶街寶慶新中約 43 號是一個五層建築，為清末廣州六大當舖之一的寶慶大押。這座建築高 20 米，曾經是清末廣州的城市制高點之一。建築前座鋪面、後座庫樓均保存較為完好，見證了清末短短數十年間廣州「當鋪多過米鋪」的金融奇觀。

▼ 永慶坊中的粵劇藝術博物館

穿越歷史
遊灣區

百年風雲‧風氣之先

廣州特輯

責任編輯　　余雲嬌　楊紫東
裝幀設計　　Sands Design Workshop
排　　版　　Sands Design Workshop
印　　務　　劉漢舉

小白楊工作室 / 策劃

陳萬雄 / 主編　　劉集民 / 編撰

出　　版　　中華教育
　　　　　　香港北角英皇道 499 號北角工業大廈 1 樓 B
　　　　　　電話：(852) 2137 2338　傳真：(852) 2713 8202
　　　　　　電子郵件：info@chunghwabook.com.hk
　　　　　　網址：http://www.chunghwabook.com.hk

發　　行　　香港聯合書刊物流有限公司
　　　　　　香港新界荃灣德士古道 220-248 號
　　　　　　荃灣工業中心 16 樓
　　　　　　電話：(852) 2150 2100　傳真：(852) 2407 3062
　　　　　　電子郵件：info@suplogistics.com.hk

印　　刷　　新精明印刷有限公司
　　　　　　香港香港仔大道 232 號城都工業大廈 10 樓

版　　次　　2024 年 7 月第 1 版第 1 次印刷
　　　　　　©2024 中華教育

規　　格　　16 開（230mm x 160mm）

I S B N　　978-988-8862-52-8